BEI GRIN MACHT SICH IHR WISSEN BEZAHLT

Bibliografische Information der Deutschen Nationalbibliothek:

Die Deutsche Bibliothek verzeichnet diese Publikation in der Deutschen National-
bibliografie; detaillierte bibliografische Daten sind im Internet über http://dnb.d-
nb.de/ abrufbar.

Impressum:

Copyright © 2017 GRIN Verlag, Open Publishing GmbH
Druck und Bindung: Books on Demand GmbH, Norderstedt Germany
ISBN: 9783668578715

Dieses Buch bei GRIN:

http://www.grin.com/de/e-book/380947/auseinandersetzung-mit-john-leslie-mackies-
die-subjektivitaet-der-werte

Julius Sieboldt

Auseinandersetzung mit John Leslie Mackies "Die Subjektivität der Werte". Alternative Betrachtungsweisen durch die Abschwächung der Teilargumente aus der Absonderlichkeit

GRIN Verlag

Mackies Argument aus der Absonderlichkeit
Eine kritische Betrachtung

Hausarbeit

Sommersemester 2017

Julius Sieboldt

Eingereicht am: 04.09.2017

Inhaltsangabe

1. Einleitung 3

2. Das Argument aus der Absonderlichkeit 3

3. Kritische Betrachtungen 5
   3.1 Erkenntnisvermögen und metaphysische Beschaffenheit 5
   3.2 natürliche vs. moralische Eigenschaften 14

4. Fazit 16

5. Literaturverzeichnis 19

1. Einleitung

In seinem Buchkapitel „Die Subjektivität der Werte" bestreitet der australische Philosoph John Leslie Mackie die Existenz objektiver Werte mithilfe verschiedener Argumente.

Eines dieser Argumente ist das sogenannte Argument aus der Absonderlichkeit.

In dieser Hausarbeit werde ich als Basis der Betrachtungen zunächst die Kernpunkte des Argumentes aus der Absonderlichkeit herausstellen, um anschließend kritisch auf sie einzugehen.

Das Ziel der vorliegenden Hausarbeit ist es weder die Argumente Mackies nachhaltig zu widerlegen, noch vollständig ausgearbeitete Alternativbetrachtungen zu liefern. Die Idee ist es, Mackies Teilargumente aus dem Argument aus der Absonderlichkeit abzuschwächen, um anschließend Vorschläge für alternative Betrachtungsweisen als Impulse für zukünftige Untersuchungen anzubieten.

Vor allem soll die vorliegende Arbeit darauf hinweisen, dass die Probleme beim Argumentieren für objektive Werte, welche Mackie in seinem Argument aus der Absonderlichkeit aufzeigt, mithilfe alternativer Betrachtungsweisen umgangen werden können.

2. Das Argument aus der Absonderlichkeit

Mackie unterteilt sein Argument aus der Absonderlichkeit in einen epistemischen und einen metaphysischen Teil. Das Argument lässt sich in drei Punkte unterteilen.
In diesem Kapitel werde ich diese drei wesentlichen Aspekte des Argumentes kurz zusammenfassen.

Gäbe es objektive moralische Werte, so Mackie, müssten diese eine ganz besondere, von allen anderen Dingen der Welt verschiedene Beschaffenheit besitzen. Es gäbe keine uns bekannten, vergleichbaren „[…] Wesenheiten, Qualitäten oder Beziehungen[...]" (Mackie 1977: S. 189).

Die ontologische Besonderheit moralischer Werte wäre ihre metaphysische Fähigkeit, unbedingt handlungsanleitend zu sein. Das bedeutet, ein objektiver moralischer Wert müsste uns, sofern er erkannt würde, unbedingt präskriptiv erscheinen. Wir müssten gemäß der intrinsischen Präskriptivität dieses Wertes handeln:

„Ein objektiver Wert würde von jedem, der ihn erkennt, angestrebt [...] aufgrund einer diesem Wert innewohnenden Würdigkeit, realisiert zu werden." (Mackie 1977: S. 191).

Objektive moralische Werte wären somit mit keiner anderen, uns bekannten Entität vergleichbar. Das ist der Grund ihrer ontologischen Absonderlichkeit.

Zudem bräuchten wir, laut Mackie, ein ganz besonderes Erkenntnisvermögen, um objektive moralische Werte überhaupt erkennen zu können. Aufgrund ihrer besonderen Beschaffenheit könnten sie weder über sinnliche Wahrnehmung, noch über Vernunft allein erkannt werden. Wir würden ein bisher unbekanntes, von allen Arten unserer herkömmlichen Wahrnehmung verschiedenes (absonderliches) Erkenntnisvermögen benötigen, um die intrinsisch-präskriptiven objektiven Werte erkennen zu können.

Ein dritter Punkt den Mackie ins Feld führt, um die Absonderlichkeit objektiver Werte zu unterstreichen, ist ihr Verhältnis zu natürlichen Eigenschaften.

Wie kommen wir von deskriptiv-natürlichen, zu präskriptiv-moralischen Eigenschaften? Wie folgern wir von natürlichen Tatsachen, die bestimmten Handlungen innewohnen, auf moralische Tatsachen?

Der Übergang von Deskriptivität zur Präskriptivität bleibt Mackie unklar und bildet somit den letzten Teil seines Argumentes aus der Absonderlichkeit.

Im Folgenden werde ich kritisch auf die soeben dargestellten Unterpunkte des Arguments aus der Absonderlichkeit eingehen. Auf der einen Seite möchte ich eventuelle Schwächen der Argumente herausstellen, auf der anderen Seite werde ich alternative Ideen anbieten, um die Absonderlichkeit moralischer Tatsachen in den Kritikpunkten Mackies zu umgehen.

3. Kritische Betrachtungen

3.1 Erkenntnisvermögen und metaphysische Beschaffenheit

Objektive Werte, so Mackie, müssten, wenn sie existierten, eine einzigartige, sonderbare Beschaffenheit besitzen, welche sich von allen anderen Dingen der Welt unterschiede. Um sie zu erkennen müssten wir ein seltsames und einzigartiges Erkenntnisvermögen annehmen. Objektive Werte können nämlich, eben aufgrund ihrer einzigartigen Beschaffenheit, weder über sinnliche Wahrnehmung, noch allein mittels Vernunft erkannt werden.

Wieso wäre jedoch genau dieses Erkenntnisvermögen so besonders? Selbst wenn die Beschaffenheit objektiver Werte sich grundlegend von der Beschaffenheit aller anderen Dinge unterschiede, wäre das noch kein ausreichendes Argument dafür, dass es weniger möglich oder wahrscheinlich wäre sie wahrnehmen zu können. Eine seltsame metaphysische Beschaffenheit scheint weder etwas über das tatsächliche Vorhandensein eines Dinges auszusagen, noch über unsere Fähigkeit dieses Ding zu erkennen.

So fällt es uns beispielsweise nicht schwer die Existenz von Zahlen, trotz ihrer abstrakten Beschaffenheit, zuzugestehen. Wieso fällt es uns jedoch so viel leichter, den Zahlen eine objektive Existenzgrundlage zuzuordnen?

Um das zu verstehen, muss zunächst geklärt werden, wo Zahlen ihren Ursprung haben bzw. was ihre „abstrakte Beschaffenheit" überhaupt ausmacht.

Eine mögliche Erklärung:

Wir verfügen über ein System von Begriffen wie „Baum" oder „Haus" - von den eigentlichen Dingen unserer sinnlichen Wahrnehmung abstrahierte Symbole, um Dinge in der Welt zu beschreiben. Über dieses Begriffssystem ist es uns überhaupt erst möglich irgendetwas zu zählen. Erst über unsere Einordnung - unser Ordnen - von Objekten der Welt in Begriffe können Zahlen überhaupt existieren. Würden wir nicht etwas unter den Begriff „Baum" oder allgemeiner unter den Begriff „Objekt" oder „Etwas" einordnen können, so würde uns die Grundlage fehlen, Zahlen überhaupt zu erkennen.

Allein die Logik könnte uns kein Bewusstsein von Zahlen ermöglichen, wenn es nicht Begriffe gäbe mit denen wir die Dinge unserer Welt ordneten.

Ich möchte das an dieser Stelle versuchen zu konkretisieren.

Stellen wir uns einen Baum vor und versuchen uns zu verdeutlichen, was unser Bild des Baumes eigentlich konstituiert, so stellen wir fest, dass es eine Ansammlung von Prädikaten ist. Ein Baum ist für gewöhnlich grün und braun. Er hat Nadeln bzw. eine Krone aus Blättern. Er besitzt Wurzeln, hat einen Stamm, Rinde usw.

Eine solche Aufzählung von Prädikaten ist uns allein deshalb möglich, weil wir die Bestandteile des Baumes voneinander und den Baum selbst von seinem Umfeld als separat beschreibbare Einheiten abgrenzen. Wir grenzen die Rinde vom Stamm ab, den Stamm vom Baum, den Baum von der Wiese auf der er steht und so weiter. Diese Abgrenzung findet über die Zuteilung von Prädikaten statt. Ein Stamm unterscheidet sich in Form, Farbe, Lage und vielen anderen Prädikaten von beispielsweise der Blätterkrone des Baumes. Gleiches wird zu Gleichem geordnet, Verschiedenes wird voneinander abgegrenzt.

Treibt man dieses Spiel weiter, fällt auf, dass wir sämtliche Dinge unseres Erkenntnisspektrums in dieser Weise ordnen oder zu ordnen versuchen. Wir teilen die Welt in Begriffe. Kein Baum im Wald gleicht sich, kein Blatt ist mit einem anderen identisch. Dennoch können wir auf einer abstrakten (für uns selbstverständlichen, alltäglichen) Ebene, alle Bäume des Waldes jeweils unter einen Begriff subsumieren: „Baum".

Über dieses Ordnen in Begriffe ist, so glaube ich, eine sinnvolle Verwendung von Zahlen überhaupt erst möglich. Denn, was wollte man zählen wenn es nichts Gleiches und nichts Verschiedenes gäbe?

Unsere Einteilung der Welt in Begriffe muss von einer Außenperspektive arbiträr wirken. Sie findet allein nach menschlichen Maßstäben statt und scheint keine objektive Grundlage zu besitzen.

Es scheint einer Abstraktion der Welt in Begriffe zu bedürfen, um überhaupt ein Verständnis von Zahlen zu ermöglichen.

Letzten Endes scheinen Zahlen ein Konstrukt zu sein, entstanden allein aus der Abstraktionsfähigkeit des Menschen. Lediglich eine Art Hilfsmittel unseres Verstandes ohne objektive Existenzgrundlage. Eine Art natürliche, nützliche Folge unserer Begriffe.

Der Umfang dieser Hausarbeit erlaubt es nicht, auch nur eine annähernd umfassende Analyse über die Herkunft unserer Begriffe bzw. der Zahlen zu liefern und das ist auch nicht im Sinne des Themas. Diese kurze Darstellung über das menschliche Ordnen der Dinge der Welt in Begriffe, soll vor allem verdeutlichen, auf welcher abstrakten Ebene Zahlen in gewisser Weise erst ihre Existenz erhalten. Erst das Bilden von Begriffen, das Ordnen der Welt in Gleiches und Ungleiches scheint überhaupt das Dasein von Zahlen zu ermöglichen.

Man könnte sagen, dass moralische Urteile, ähnlich wie Zahlen, eine Art Arbeitsmaterial unseres Verstandes bilden, mit ebenso unklarer objektiver Existenzgrundlage.

Doch wie kommt es dann, dass es uns für gewöhnlich viel leichter fällt, den Zahlen eine objektive Existenzgrundlage zuzugestehen als den moralischen Urteilen? Und wieso zweifeln wir die Richtigkeit von Zahlen, im Gegensatz zu moralischen Werturteilen, für gewöhnlich nicht an?

Das könnte damit zusammenzuhängen, dass wir für Zahlen eine Art abgeschlossenes System - die Mathematik - besitzen, welche, aufgrund der in ihr gesetzten Parameter, auf immer die gleiche Weise funktioniert. Die Mathematik ist in gewisser Weise unfehlbar.

Der Moral fehlt ein solches System. Zudem lässt sich unsere Welt eher in zählbare Bestandteile zerlegen, als in moralische Urteile.[1] Der Bereich der Moral begrenzt sich im Wesentlichen auf menschliche Handlungen, wohingegen Zahlen fast in jedem Bereich unseres Lebens eine Rolle spielen.

Die Mathematik mit ihren Zahlen unterscheidet sich aber vor allem in einer Komponente von der Ethik mit ihren Werturteilen. Letztere besitzt einen präskriptiven Charakter, wohingegen erstere lediglich deskriptiv ist.

Die sonderbare Beschaffenheit objektiver Werte besteht also scheinbar in ihrer Präskriptivität.

Das besondere Erkenntnisvermögen als Bedingung der Wahrnehmung objektiver moralischer Urteile hängt auch für Mackie mit der sonderbaren metaphysischen

---

1 Der Bereich der unbelebten Objekte ist ein gutes Beispiel dafür. Unbelebte Objekte lassen sich viel eher mithilfe von Zahlen einteilen, berechnen oder ordnen als mithilfe moralischer Urteile. Moralische Urteile bilden gewissermaßen einen Sonderbereich unserer Welt.

Beschaffenheit objektiver moralischer Urteile zusammen. Moralische Urteile sind handlungsanleitend. Beruhten diese Urteile nun auf objektiven, in der Welt verortbaren Entitäten, so müssten diese Entitäten präskriptive Eigenschaften aufweisen. Um diese objektiven moralischen Urteile mit ihrem handlungsanleitenden Charakter zu erkennen, bräuchte man nun, so Mackie, ein absonderliches Erkenntnisvermögen, das uns bisher noch unbekannt ist. Denn, wie sollte man sonst etwas erkennen das seiner Struktur nach von den uns bekannten Dingen unserer Welt so grundverschieden ist.

Ein erster Einwand könnte an dieser Stelle sein, dass die objektiven, in der Welt verortbaren Entitäten auf denen moralische Urteile beruhen, nicht selbst präskriptive Eigenschaften aufweisen müssten, sondern lediglich Eigenschaften besitzen könnten, die uns *affizieren* präskriptive Normen aufzustellen. Objektive Werte wären somit so etwas wie moralische Urteile auslösende Entitäten, an sich jedoch von moralischen Urteilen grundverschieden. Demnach gäbe es keine objektiven moralischen Werturteile, sondern lediglich eine basalere objektive Existenzgrundlage - eine Art metaphysischen Auslöser unserer Werturteile.

Vielleicht lässt sich dieser Gedanke anhand unserer Wahrnehmung von Farben verdeutlichen.

Es ist für uns normal, Farben wahrzunehmen und sie als konstituierende Komponenten unserer Welt zu betrachten. Für unseren Sehsinn bzw. unser Gehirn ist es gewissermaßen selbstverständlich, die Reflexion von Licht in einer bestimmten Weise zu interpretieren und sie unserer Wahrnehmung als Qualität ‚Farbe‘ zu liefern. Wir nehmen etwas als rot wahr, wir empfinden es als rot.[2] Es scheint allerdings schwierig, überhaupt einen Erklärungsansatz dafür zu finden, weswegen wir rot (oder Farbe im Allgemeinen) als Qualität ‚Farbe‘ empfinden. Interessant ist, dass wir dennoch überraschend selbstverständlich etwas annehmen, das diese Qualität innerhalb unserer Wahrnehmung auslöst – es ist eben der unterschiedliche Grad an Lichtreflexion,

---

2 Ähnlich selbstverständlich wie das Wahrnehmen von Farben wie Rot oder Blau scheint es zu sein, Handlungen als gut oder schlecht, verboten oder geboten wahrzunehmen. Selbstverständlich haben wir im Bereich moralischer Urteile immer wieder Schwierigkeiten eine Handlung einzuordnen. Nicht jede Handlung ist eindeutig gut oder schlecht oder selbstverständlich geboten oder verboten. Diese Grenzfälle gibt es jedoch in der Wahrnehmung der Farben ebenfalls nicht selten. Ein sehr helles Grün kann unter Umständen von einem dunkleren Gelb nicht genau unterschieden werden, sowie ein rötliches Braun weder vollständig rot noch braun ist.

welcher dazu führt, dass wir im einen Falle rot empfinden und im anderen Falle blau. Das scheint jedoch bei Weitem keine ausreichende Erklärung dafür zu sein, warum wir Farben als *Qualitäten* empfinden.

Es fällt auf, dass Farbe innerhalb unserer Wahrnehmung scheinbar durch etwas in der Welt affiziert wird, das selbst keine Ähnlichkeit mit dem hat, was wir letztlich wahrnehmen. Objekte erscheinen uns als rot oder blau, weil das Licht in einer bestimmten Weise von ihnen reflektiert wird. Sie selbst können nicht als farbig im engeren Sinne bezeichnet werden.

Es wäre vorstellbar, dass eine in der Welt verortbare objektive Entität, welche uns dazu affiziert präskriptive Normen aufzustellen, selbst keine präskriptiven Anteile besitzt. Es könnte etwas von unseren alltäglichen moralischen Urteilen vollkommen Verschiedenes sein, das uns lediglich dazu affiziert und uns grundlegend die Möglichkeit eröffnet moralische Urteile zu fällen. Wie die unterschiedlichen Reflexionen des Lichtes in uns unterschiedliche Farben hervorrufen könnte die objektive moralische Grundlage uns hinsichtlich verschiedener Handlungen unterschiedliche moralische Urteile fällen lassen.

Die objektive moralische Grundlage wäre also selbst nicht mehr präskriptiv sondern etwas, das Präskriptivität in uns hervorruft.

Man kann also das Problem objektiver moralischer Urteile mit präskriptivem Charakter umgehen, indem eine *moralische Urteile affizierende* Existenzgrundlage postuliert wird, welche selbst nicht präskriptiv ist. Eine absonderliche metaphysische Beschaffenheit moralischer Urteile ist demnach zumindest weniger eindeutig. Es wirkt zunächst nämlich so, als wäre die Beschaffenheit einer uns zu moralischen Urteilen affizierenden Entität weniger absonderlich, als die Beschaffenheit von in sich präskriptiven objektiven moralischen Urteilen.

Doch scheint auch dieser Ansatz Probleme mit sich zu bringen.

An dieser Stelle möchte ich zwei Einwände aufwerfen, um diese anschließend zu diskutieren.

Einwand 1:

Besitzt nicht auch eine Entität, die in uns konkrete moralische Urteile hervorruft etwas

9

Sonderbares? Es scheint zumindest unserer Intuition und der alltäglichen Praxis moralischen Urteilens zu widerstreben eine solche Entität anzunehmen.

Für gewöhnlich treffen wir doch ein moralisches Urteil aus einer Überzeugung heraus. Wir treffen das Urteil, weil wir etwas für gut oder schlecht halten. Es wirkt schlicht absurd, eine objektive Entität anzunehmen, welche uns zu unseren konkreten moralischen Überzeugungen beeinflusst.

Einwand 2:

Dieser Einwand besitzt Ähnlichkeit zu Mackies Argument aus der Relativität und könnte folgendermaßen lauten.

Wie kann es sein, dass eine objektive moralische Grundlage, welche selbst zwar nicht präskriptiv ist, uns jedoch zu moralischen Urteilen affiziert, so uneinheitliche moralische Systeme und Vorstellungen hervorbringt? Und wie kann es sein, dass auch individuelle Überzeugungen in gewissen moralischen Fragen und daraus folgende Urteile wechseln können?

Eine objektive moralische Grundlage wirkt in gewisser Weise unauthentisch, wenn sie uns zu scheinbar willkürlichen, sich teilweise grundlegend unterscheidenden moralischen Überzeugungen affiziert.

Zu Einwand 1:

Man könnte dem ersten Einwand folgendermaßen begegnen:

Die objektive Grundlage moralischer Urteile könnte auch lediglich eine grundlegende Basis sein und müsste keine konkreten Urteile in uns auslösen.

Vielleicht sollte man sich die objektive Grundlage moralischer Urteile basaler vorstellen.

Um für eine objektive Grundlage moralischer Urteile zu argumentieren muss man weder konkrete objektive moralische Urteile, noch eine konkrete Urteile auslösende objektive Entität annehmen.

Die objektive Grundlage moralischen Wertens könnte uns zum Beispiel dazu affizieren, bestimmte Handlungen als gut oder schlecht zu urteilen oder noch grundlegender – überhaupt in den Kategorien gut und schlecht wahrzunehmen und zu werten.

Eine objektive Grundlage moralischer Urteile könnte etwas sein, das uns die Möglichkeit eröffnet und uns die Fähigkeit verleiht überhaupt in den Kategorien gut und schlecht wahrzunehmen, um auf dieser Grundlage zu werten. Sie müsste uns demnach nicht anzeigen welche Handlung auf welche Weise zu bewerten bzw. welche Handlungen gut oder schlecht sind, sondern einzig die Bewertung in gut und schlecht *eröffnen*. Diese Idee ist deutlich kompatibler mit der tatsächlichen moralischen Praxis. Offensichtlich werten die Menschen in gut oder schlecht. Dass sie dabei unter Umständen gleiche Handlungen unterschiedlich bewerten und verschiedene Kulturen sich unterscheidende Moralsysteme besitzen spielt dabei keine Rolle. In jeder Kultur und jeder Gesellschaft, in jedem Individuum das Fähig ist moralisch zu urteilen, ist die Grundlage dieses Urteilens die Einteilung in gut und schlecht.

Man könnte nun sagen, dass diese Idee zu stark von dem abweicht, was Mackie unter dem Objektiven in der Moral versteht und wogegen er argumentiert, jedoch umgeht man mithilfe des Alternativvorschlages einer basalen moralischen Grundlage, wie ich sie hier darstelle, einige der Kritikpunkte aus dem Argument aus der Absonderlichkeit.

Die objektive Grundlage moralischer Urteile als Potenzial einer Wertung in gut und schlecht scheint in seiner metaphysischen Beschaffenheit weniger absonderlich zu sein als objektive moralische Urteile oder eine konkrete Urteile auslösende Entität. Zumindest aber ist seine Existenz leichter zuzugestehen, da Menschen Handlungen *stets* in gut oder schlecht einteilen.[3] Diese Fähigkeit scheint dem Menschen, wie das Einteilen der Welt in Begriffe oder Zahlen, als selbstverständlich innezuwohnen.

Des Weiteren ist das Vermögen, welches man benötigt, um eine objektive Grundlage moralischer Urteile (als Einteilung in gut und schlecht) zu erkennen, deutlich weniger absonderlich: Objektive, in sich präskriptive Moralurteile zu erkennen ist nur mit einem absonderlichen Erkenntnisvermögen vorstellbar. In diesem Punkt würde ich Mackie ohne weiteres zustimmen. Ein uns innewohnendes Vermögen anzuerkennen, dass uns eine objektive Grundlage moralischer Urteile im Sinne einer gut-schlecht-Unterteilung im grundlegenden Sinne erkennen lässt, ist weitaus weniger sonderbar. Unsere allgegenwärtige (teils automatische) unumgängliche Einteilung von Handlungen in gut

---

3 Noch einmal sei an dieser Stelle erwähnt, dass für den hier dargestellten Gedanken allein wichtig ist, *dass* Handlungen in gut oder schlecht unterteilt werden.

oder schlecht spricht zumindest dafür, dass wir ein solches Erkenntnisvermögen besitzen. Was wir von der objektiven Grundlage moralischer Urteile erkennen, ist das, wozu wir affiziert werden – das unumgängliche Bewerten von Handlungen in gut oder schlecht.[4]

Zu Einwand 2:

Hat man den Gedanken einer basalen objektiven Grundlage moralischer Urteile akzeptiert, so fällt es nicht schwer auch den zweiten, oben dargestellten Einwand auszuräumen.

Dass sich konkrete moralische Urteile von Mensch zu Mensch und von Gesellschaft zu Gesellschaft unterscheiden, spricht in keiner Weise gegen eine objektive Grundlage dieser moralischen Urteile, wenn man diese Grundlage z.b. als etwas betrachtet, das uns zu einer Einteilung von Handlungen in gut oder schlecht affiziert. Was genau als gut oder schlecht bewertet wird ist dabei irrelevant.

Dennoch könnte an dieser Stelle die Frage gestellt werden, weswegen manche Handlungen (z.B. Mord) sehr einheitlich bewertet werden, wohingegen die Bewertung anderer Handlungen (z.b. Ehebruch) stark variieren kann. Und aus welchem Grunde gibt es manche Menschen, die selbst eine Mordtat scheinbar nicht als moralisch verwerflich bewerten?

Ich möchte aufgrund des Umfanges dieser Hausarbeit nur kurz auf diese Fragen eingehen.

Zunächst einmal könnte Mord als gutes Beispiel für eine, über die bloße Affektion zu einer Bewertung in gut und schlecht hinausgehende Handlung sein. Mord wird sehr intuitiv und einheitlich von den Menschen als moralisch verwerflich bewertet. Es ist so

---

4 Es spricht nicht gegen den hier dargestellten Gedanken, dass nicht alle Handlungen von uns als klarerweise gut oder schlecht eingeordnet werden können. Auch der Aspekt, dass manche Handlungen nicht unter dem gut-schlecht-Unterscheidungskriterium bewertet werden, hat keinen Einfluss auf die von mir dargestellte Idee. Das Entscheidende ist, dass stets ein Bedürfnis des Menschen vorhanden ist, in den Kategorien gut oder schlecht (und in seinen Zwischen- und Mischformen) zu werten. Dies ist eine so grundlegende Eigenschaft des Menschen, dass es nicht schwer fällt, eine objektive Grundlage dieses Bedürfnisses der Einteilung in gut und schlecht anzunehmen – eine Entität, welche uns zum Werten in gut und schlecht affiziert.

selbstverständlich niemanden zu ermorden, dass nicht einmal ernstzunehmende, praktische Debatten über die moralische Bewertung einer solchen Tat geführt werden.[5] Mord ist schlecht. Das hat naturgesetzliche Tendenzen.

Aus diesen Gründen glaube ich, wäre „Mord ist schlecht." ein guter Kandidat eines metaphysisch präskriptiven moralischen Urteils in dem Sinne wie Mackie es bestreitet. Es wäre gleichzeitig eine Möglichkeit zu erklären, warum Mord im Allgemeinen so einheitlich als moralisch verwerflich bewertet wird.

Eine weiterführende Untersuchung würde hier wohl den Rahmen der vorliegenden Arbeit sprengen. Wichtig ist an dieser Stelle vor allem hervorzuheben, dass man auch für die Existenz objektiv-präskriptiver moralischer Urteile sinnvolle Erklärungsgrundlagen heranziehen kann.

Warum jedoch wird dann von einigen Wenigen selbst eine Mordtat nicht als moralisch verwerflich empfunden?

Nun, vielleicht haben diese Menschen schlichtweg keinen Zugang zu der objektiven moralischen Tatsache „Mord ist schlecht.". So wie es Farbenblinde oder Menschen mit Dyskalkulie gibt, könnten gleichermaßen Menschen existieren, welche keinen Zugang zu objektiven moralischen Urteilen bzw. der objektiven Grundlage moralischer Urteile[6] hätten.

Dass bei der moralischen Beurteilung einer Mordtat Ausnahmen zum Regelfall existieren spricht keinesfalls gegen ein zugrundeliegendes objektives Werturteil.

Wie bereits erwähnt, möchte ich an dieser Stelle keine weiterführenden Erörterungen durchführen, sondern lediglich Impulse und mögliche Ansätze zur Beantwortung der obigen Zwischenfragen liefern.

Alles in allem reicht es jedoch aus, so finde ich, eine basale objektive Grundlage moralischer Urteile anzunehmen, welche uns affiziert in den Kategorien gut und schlecht zu werten. Man scheint damit zumindest die Probleme welche Mackie im Argument aus der Absonderlichkeit äußert im Wesentlichen umgehen zu können.

---

5 Selbstverständlich gibt es auch zum Thema Mord Grenzfälle mit besonderen Umständen. In der hier dargestellten Überlegung geht es jedoch um die intuitive moralische Einordnung einer Mordhandlung im Regelfall.
6 Hier sind auch jene Menschen eingeschlossen, welche nicht zwischen gut und schlecht unterscheiden. Diese fielen somit sogar aus dem obigen Modell der Affektion zu einer Unterscheidung in gut und schlecht heraus.

3.2 natürliche vs. moralische Eigenschaften

Wie eingangs erwähnt, findet Mackie noch einen weiteren Aspekt absonderlich. Es ist das Verhältnis von moralischen zu natürlichen Eigenschaften:

„Worin liegt die Verbindung zwischen der natürlichen Tatsache, dass eine Handlung einen Akt absichtlicher »Grausamkeit« - d.h. ein Zufügen von Schmerzen rein aus Spaß – darstellt, und der moralischen Tatsache, dass sie falsch ist? [...] Die Falschheit muss den deskriptiven Eigenschaften dieser Handlung irgendwie »nachfolgen« [...]" (Mackie S. 192)

Mackie sieht kein Verbindungsstück von der für ihn natürlichen Tatsache der Grausamkeit zur moralischen Tatsache des Falschen. Der Übergang von Deskriptivität zu Präskriptivität bleibt ihm unklar und bildet den letzten Teil seines Argumentes aus der Absonderlichkeit.

Mackie ordnet das Prädikat „grausam" den natürlichen Tatsachen zu, „falsch" hingegen den moralischen Tatsachen. Der Grund für diese Unterscheidung bleibt jedoch unklar. Weswegen ist „grausam" nicht bereits eine moralische Tatsache?

Der Begriff „grausam" scheint natürlicherweise zumindest die Eigenschaft „schlecht" zu beinhalten, was für den moralischen Tatsachencharakter des Wortes spricht und gegen seine Auslegung als natürliche Tatsache.

Insgesamt stellt sich die Frage, was Mackie eigentlich mit dem Begriff der natürlichen Tatsache genau zu bezeichnen versucht.

Ist das Prädikat der Grausamkeit, welches einer Tat zugeordnet wird, eine natürliche Tatsache, weil die meisten Menschen diese bestimmte Tat als grausam erachten? Dieser Ansatz wirkt unplausibel, denn, würde Grausamkeit seinen natürlichen Tatsachencharakter durch eine mehrheitliche Zuordnung zu einer bestimmten Tat erhalten, so würde sich die Frage stellen, weswegen nicht auch das Prädikat „falsch" in den Bereich der natürlichen Tatsachen fiele.

Die meisten Menschen die eine Tat als grausam bezeichnen, würden sie auch als falsch bewerten.

Eine mehrheitliche Zuordnung eines Prädikates zu einer Handlung kann also nicht das Kriterium sein, um natürliche von moralischen Tatsachen zu unterscheiden.

Für Mackie scheint „grausam" für bestimmte Handlungen eine natürliche Tatsache zu sein, etwas, das der Handlung natürlicherweise als Charakter anhaftet und das einer Bewertung der Tat als „falsch" vorausgeht und die Grundlage dieser Bewertung bildet.

Mackies Beispiel ist „ [...] ein Zufügen von Schmerzen rein aus Spaß [...]" (Mackie 1977: S. 192).

Dieser Handlung ordnet er die natürliche Tatsache „grausam" zu. Das Prädikat „falsch" würden dann die Menschen als moralische Tatsache hinzufügen, *weil* die Tat grausam ist.

Für diesen kausalen Zusammenhang sieht Mackie keine Grundlage.

Wieso wird eine Tat, wie das Zufügen von Schmerzen rein aus Spaß, allein weil sie als grausam erachtet wird, auch als moralisch verwerflich bzw. falsch bewertet?

Wieso folgt das Falsche aus dem Grausamen?

„[...] was in aller Welt ist mit diesem »weil« gemeint?" (Mackie 1977: S.193).

Meines Erachtens sind diese Fragen für eine sinnvolle Betrachtung des Sachverhaltes bereits falsch gestellt.

Schauen wir uns dafür noch einmal die Frage an, ob „grausam" überhaupt ohne weiteres dem Bereich der natürlichen Tatsachen zugeordnet werden kann.

Mackie zufolge hat „grausam" einen deskriptiven Charakter, wohingegen „falsch" eine präskriptive Ausprägung besitzt.

Es ist jedoch fraglich, ob eine so klare Grenze zwischen deskriptiv und präskriptiv überhaupt besteht, wie Mackie sie in seinem Beispiel zieht.

So könnte man z.B. dafür argumentieren, dass das deskriptive Prädikat „grausam" über seine implizite Bedeutung „ist schlecht" bereits die präskriptive, moralische Komponente in sich trägt, jene Handlung nicht zu tun, welche Mackie erst dem Prädikat „falsch" zuordnet. Man sollte etwas Grausames nicht tun, eben weil es grausam ist. Oder anders: Die Tat ist unter anderem genau deswegen grausam, weil es uns widerstrebt, diese Tat zu begehen - weil diese Handlung falsch ist.

Das Zufügen von Schmerzen aus Spaß ist grausam, weil es uns in einer bestimmten Weise widerstrebt jemandem ohne Grund Schmerzen zuzufügen. Es widerstrebt uns insofern, als es für uns grausam wirkt, wenn wir oder jemand anderes eine solche Tat begehen.

In dieser Betrachtungsweise folgt das Prädikat „falsch" dem Prädikat „grausam" nicht mehr, sondern ist bereits in diesem enthalten. Beschriebe man nun das Zufügen von Schmerz rein aus Spaß als grausame Tat und schriebe diesem Prädikat die Eigenschaft einer natürlichen Tatsache zu, so würde diese natürliche Tatsache gleichermaßen eine

15

moralische Tatsache sein müssen. Wir halten eine Handlung, wie das Zufügen von Schmerzen rein aus Spaß, natürlicherweise für falsch, weil wir es natürlicherweise als grausam erachten. Das Falsche folgt nicht aus dem Grausamen, sondern ist in ihm enthalten.

Die Frage, weswegen eine Tat falsch ist, nur *weil* sie grausam ist, würde sich somit auflösen bzw. könnte beantwortet werden mit: Das Falsche befindet sich bereits im Grausamen.

Nun könnte man sagen, dass z.b.das Jagdverhalten von Raubtieren ebenfalls grausam sein kann. Eine unschuldige Antilope, die von einem Löwen kaltblütig gerissen und gefressen wird – ist das nicht etwas Grausames, das gleichzeitig nicht falsch ist?

Ich glaube zu diesem Schluss kann man nur kommen, wenn man eine menschliche Empathie gegenüber der Antilope ansetzt bzw. die gesamte Situation zu sehr in menschliche Maßstäbe zieht. Es darf bei Betrachtung dieses Beispiels nicht vergessen werden, dass es sich um Tiere handelt, welche sehr wahrscheinlich keine klaren Prädikate wie „grausam" oder „falsch" besitzen. Sie handeln nach Instinkten und nicht anhand klar strukturierter Gedanken. Man muss, so glaube ich, verstehen, dass die Grausamkeit, welche man der Tat des Löwen zuschreibt, lediglich eine Projektion auf die menschliche Welt darstellt und in seinem Wesen weder grausam noch falsch ist.

In der Beurteilung menschlicher Handlungen muss, so glaube ich, dem Prädikat „grausam" stets das Werturteil „falsch" innewohnen.

4. Fazit

Das Argument aus der Absonderlichkeit versucht die Existenz objektiver moralischer Werte als absonderlich darzustellen. Mackie will mithilfe dieses Argumentes die Plausibilität einer objektiven Grundlage moralischen Wertens angreifen. Objektive moralische Werte seien unwahrscheinlich, denn sie müssten absonderliche Eigenschaften besitzen.

Die Unterpunkte des Argumentes aus der Absonderlichkeit wirken zunächst plausibel, lassen jedoch, wie ich finde, genug Raum für starke Gegenargumente.

Insgesamt scheint es so, als könne man allen Ebenen des Argumentes mit plausiblen Alternativvorschlägen begegnen.

So muss man z.B. kein absonderliches Vermögen voraussetzen, um die objektive Grundlage moralischer Urteile zu erkennen, wenn man die metaphysische Struktur dieser Grundlage in einer anderen Weise darstellt, als Mackie sie zu verstehen scheint.

Nimmt man als Grundlage moralischer Urteile etwas an, das selbst nicht präskriptiv ist, sondern uns lediglich zu Urteilen affiziert oder uns, noch basaler, als Grundlage einer Unterscheidung in gut und schlecht dient, scheint kein absonderliches Erkenntnisvermögen mehr vonnöten zu sein.

Eine Unterscheidung in gut und schlecht dient unserem Werten zudem so selbstverständlich als Grundlage, dass es nicht schwer fällt, anzunehmen, dass eine objektive Entität uns zu diesen Unterscheidungskriterien affiziert.

Die metaphysische Beschaffenheit einer solchen Entität mag noch immer absonderlich scheinen, ihre Wirkung ist jedoch eindeutiger.[7]

Es scheint schlichtweg schwieriger zu sein, für objektive, in sich präskriptive Entitäten als Grundlage unserer moralischen Urteile zu argumentieren, als für etwas, das unserem Werten in gut und schlecht zugrunde liegt.

Der Begriff der Präskriptivität, wie Mackie ihn in Bezug auf objektive moralische Urteile verwendet scheint insgesamt zweifelhaft:

„Ein objektiver Wert würde von jedem, der ihn erkennt, angestrebt, und zwar nicht aufgrund irgendeiner kontingenten Tatsache, dass dieser Mensch (oder alle Menschen) gerade so beschaffen ist, dass er ebendies wünscht, sondern aufgrund einer diesem Wert innewohnenden Würdigkeit, realisiert zu werden." (Mackie 1977: S. 191)

Es stellt sich die Frage, ob normative Tatsachen tatsächlich immer handlungsmotivierend sein müssen oder ob zumindest die moralische Tatsache, wie sie in der menschlichen Vorstellung auftritt, dem entgehen kann. Ist es nicht vorstellbar, dass selbst ein erkanntes, konkretes moralisches Urteil nicht zwingend handlungsmotivierend wäre?

Es scheint als könne man anzweifeln, dass konkrete, objektive moralische Urteile gezwungenermaßen in sich präskriptiv sind.

---

7 Damit ist gemeint, dass ein Ordnen in gut und schlecht unserem Werten grundlegend innewohnt und von jedem Menschen verwendet wird, wohingegen konkrete Werturteile sehr unterschiedlich sein können. Objektive moralische Urteile scheinen aus diesem Grunde, als Grundlage unseres Wertens, unplausibler zu sein.

Auch das absonderliche Verhältnis, welches Mackie zwischen natürlichen und moralischen Tatsachen hinsichtlich einer Handlung sieht, scheint auflösbar zu sein. Natürliche Tatsachen, wie z.b. die Grausamkeit welche man einer Tat wie dem Zufügen von Schmerzen rein aus Spaß zuordnet, können in sich bereits moralische Tatsachen enthalten, wie z.B. das diese Tat falsch ist. Der Unterschied von moralischen und natürlichen Tatsachen, wie Mackie ihn darzustellen scheint, verschwindet somit, so wie das Problem des Überganges von natürlichen zu moralischen Tatsachen.

Alles in Allem lassen sich, wie bereits eingangs erwähnt, gute Gegenargumente und alternative Ideen finden, um den Schwierigkeiten aus Mackies Argument aus der Absonderlichkeit zu begegnen.

5. Literaturverzeichnis

J. L. Mackie (1977), „Die Subjektivität der Werte", in: B. Heinrichs/J.-H. Heinrichs
(Hg.), Metaethik. Klassische Texte, Frankfurt a. M.: Suhrkamp 2016, S. 183-202 (=
Ausschnitte aus Mackie, Ethics. Inventing Right and Wrong, Harmondsworth:
Penguin 1977, Kap. 1).